LES PORTEURS DE LUMIÈRES

Du même auteur

Le secret des Dieux

La Chymère

Le vrai trésor du curé de Rennes le château

Szlatala David

Les porteurs de lumières

© 2015 - David Szlatala
Edition: BoD - Books on Demand
12/14 rond-point des Champs Elysées, 75008 Paris
Imprimé par Books on Demand GmbH, Norderstedt, Allemagne
ISBN : 9782322040063
Dépôt légal: septembre 2015

Couverture José Félices

Remerciements :

Un grand merci à tous ceux qui ont encouragé ce projet :

Merci José, à qui je dois ce diable portant à bout de bras le monde ainsi que le frontispice.

À ma fille Andréa

"N'ayez pas peur !
Ouvrez les frontières des états, les systèmes économiques et politiques, les immenses domaines de la culture, de la civilisation et du développement"
Karol Wojtyla.

Chapitre 1

Assis sur un banc, un homme contemple les étoiles dorées scintillant dans le ciel bleu roi qui habille l'abside de l'édifice.

La lumière tamisée par le grand vitrail enchante le lieu en cette fin d'après midi de Mars. On peut y voir la patronne de cette église oindre les pieds du seigneur à l'aide de ses longs cheveux roux dénoués. Ce signe distinctif ainsi que sa nudité veulent rappeler son repentir pour s'être laissée posséder par les sept démons.

Il est seul, devant l'autel orné d'un bas relief la représentant agenouillée dans sa robe d'or.

Les mains jointes, elle prie.

Elle a quelque chose de fascinant, empreinte de mysticisme.

N'est elle pas celle qui renferme le plus de mystères dans les évangiles canoniques ? Souvent confondue avec Marie de Béthanie, Marie Madeleine semble avoir été le premier témoin de la résurrection du maître, mais aussi la compagne du seigneur qu'il embrassait sur la bouche. Assis dévotement près de la sainte, tel un de ces moines guerriers qui jadis protégèrent la terre de ses ancêtres, il n'ose comme eux mettre un genou à terre, les deux mains sur le pommeau de son épée afin de la vénérer pleinement.

Il imaginait au travers d'une vision romantique et assez naïve, son arrivée aux Saintes Maries de la mer à bord d'un frêle esquif. L'embarcation ballottée par les vagues échouait sur une plage de sable blanc, bordée par une eau turquoise parsemée d'écume. L'équipage fatigué par cet interminable voyage foulait la nouvelle terre d'accueil en remerciant Dieu de les avoir épargnés.

Laissant derrière eux le dernier souvenir de leur terre natale se transformer en vestige, ils allaient amorcer une nouvelle légende traditionnelle en Provence.

Des bruits de pas le tirèrent de sa réflexion.

La faible lumière à l'intérieur de l'église renforce cette idée d'être dans un endroit irréel et peu rassurant.

La couleur pastel des murs dépourvus de décoration devraient pourtant conférer à cette maison de Dieu une douceur bienheureuse.

Les pas se rapprochent, une main se pose sur son épaule. Une voix profonde et rauque lui dit :

- Je vais bientôt fermer, mais vous avez encore quelques minutes devant vous.

Puis l'individu à la silhouette carrée, disparaît en ouvrant une porte, invisible au premier coup d'oeil sur le côté droit de la travée.

L'homme se lève dans un silence presque religieux.

Mais l'espace entre deux bancs étant comme toujours trop étroit dans une église, le bout de sa chaussure s'accroche au repose pied qui est à sa droite. Il trébuche et doit rétablir son équilibre au prix d'un claquement de pied sur le sol. Le "Nom de Dieu" qu'il lâche lui fait écho jusque dans le chœur. Presque comme un mauvais élève, il se dirige honteux vers la sortie. Dehors le ciel s'est assombri tel un mauvais présage. Il relève le col de sa veste, saisi par les bourrasques du vent qui vient de se lever.

Sur le pas de la porte, les gouttes de pluie qui commencent à tomber cinglent son visage. Derrière lui déjà, la silhouette qu'il a entrevue dans l'église, referme sur elle la porte et introduit une grosse clé à l'intérieur de la serrure. Dans un cliquetis métallique, elle fait jouer le mécanisme. En scellant ainsi la maison du seigneur, elle le pousse un peu plus vers la nuit qui est en train de tomber.

Chapitre 2

- Vous avez tout l'air d'une brebis égarée.

L'étranger n'a pas le temps de lui répondre. Leurs regards semblent attirés par l'ombre qui se tient à l'autre bout de l'allée menant à l'entrée de l'église. Un ange aux cheveux blonds et à la silhouette harmonieusement cintrée dans une robe blanche à corsage, vient à leur rencontre d'un pas décidé. Bravant la colère du ciel ; l'apparition sous son parapluie ; semble sortir de nulle part.

Le prêtre est au comble de la surprise lorsque l'ange se met à parler à son voisin d'une voix douce et mélodieuse.

- Jean, tout va bien? Venez vous mettre à l'abri vous allez être trempé.

- Heu mon père, je vous présente Milli, ma fiancée. Nous faisons actuellement le tour de l'Europe. Par erreur nous avons suivi le chemin menant à ce village, qui est fort charmant d'ailleurs. Milli a eu alors une soudaine envie d'admirer la vue donnant sur la vallée, depuis le promontoire qui se trouve un peu plus haut, au bout de la rue. Quant à moi en l'attendant, j'ai trouvé refuge dans votre église. Mais je manque à tous mes devoirs. Je me présente, monsieur Jean.

- Ah! C'est donc vous l'étranger avec un léger accent germanique dont tout le village parle !

Le prêtre crut lire une certaine inquiétude sur le visage de l'inconnu, qui était devenu soudain d'une pâleur effrayante.

- Soyez donc mes hôtes pour la soirée, en attendant que les auspices vous soient plus clémentes demain. Vous aurez ainsi tout le loisir de me narrer vos aventures.

Sans attendre leur réponse, le serviteur de Dieu entraîne ses invités vers le presbytère, une vieille bâtisse accolée à l'église. Le groupe emprunte un chemin de gravillons, évitant ainsi de piétiner dans la mare de boue qui s'était formée devant l'édifice à cause de la pluie qui redoublait maintenant de violence.

L'entrée donne sur un couloir assez large qui aboutit à un escalier en colimaçon menant au premier étage.

A gauche, se trouve la cuisine. Une marmite en fonte mijote, suspendue par une chaîne au dessus du feu de la cheminée. Une odeur réconfortante de viande et de vin s'en échappe. En son centre trône une table ronde en bois, garnie de couverts et d'assiettes de porcelaine dure de couleur blanche ; décorées finement de motifs bleu ciel.

- vous attendiez quelques invités mon père ?

Un grondement semblant venir des profondeurs de la terre fait trembler les murs de la maison.

- la foudre n'est pas tombée loin cette fois-ci mes amis. Mais entrez donc.

Laissez moi vous débarrasser de votre parapluie ma chère et installez vous confortablement. Pardonnez par avance ma maladresse mais Marie ma servante, est allée rendre visite à ses parents. Nous sommes donc seuls ce soir. Auparavant, elle a eu la bonté de me préparer un bœuf aux pruneaux dont vous me direz des nouvelles. C'est pour sûr une excellente cuisinière.

L'étranger devint soudain mal à l'aise serrant fort contre lui une pochette de cuir.

Désirez vous boire quelque chose ?

- Heu ma foi oui, si le breuvage est d'ici. Nous apprécions beaucoup les découvertes culinaires.

- Alors j'ai ce qu'il vous faut.

L'abbé se retourne et se dirige vers le mur adjacent à celui de la cheminée. Sans effort, Il fait coulisser vers la gauche l'un des panneaux de planches reliées entre elles par deux linteaux en croix. Ses invités découvrent alors une réserve abritant quelques tonnelets de vin ainsi que trois ou quatre caisses en bois. Il se saisit de l'une d'elle, assez lourde semble-t-il pour lui arracher un grognement. Il en sort deux bouteilles, les considère d'un œil satisfait et les pose sur la table.

- On vient de me livrer, j'aurais de quoi tenir un siège" lâche-t-il avec un petit sourire malicieux. Tout en tentant de déboucher l'une des bouteilles, il se lance dans un discours passionné.

- À une trentaine de kilomètres de là, vers la fin du seizième siècle, les moines d'une abbaye bénédictine ont découvert le procédé de transformation du vin blanc en vin effervescent. La blanquette (c'est son nom) signifie littéralement "petite tâche blanche" dans la langue du cru, car celle-ci est présente sur le bout des feuilles de la vigne de son cépage: "le Mauzac". Lorsque il est mélangé avec dix pour cent de Chardonnay, on obtient un mousseux brut.

Après un petit "poc" contenu qui laisse admiratif son auditoire, il verse le liquide doré dans les coupes qui se trouvent devant lui.

- Pour la petite histoire, continue-t-il les moines suivent une méthode ancestrale pour la fermentation du raisin, et mettent encore le vin en bouteille la veille de la Lune de mars. Mais je parle, je parle, trinquons à votre visite impromptue mes chers enfants.

Cependant une question me brûle les lèvres. Qu'est-ce qu'un aventurier tel que vous vient-il chercher dans un petit village comme le nôtre?

Les deux amoureux se lancèrent un regard complice. Le temps de trouver une réponse et peut être pour se donner du courage, Jean avala une grande gorgée de mousseux.

- Nous venons de Vienne.

Chapitre 3

La réponse était abrupte.

Je suis né à Florence continua t-il. J'ai vécu là bas jusqu'à la mort de mon père. Dès lors, ma mère a décidé de s'installer à Vienne, afin de se rapprocher de sa famille. Quitter la capitale de la Toscane me déchirais littéralement le coeur. Et puis j'ai fais la connaissance de mon cousin Rodolphe. Nous avons vécu ensemble des moments formidables. Par sa verve et son intelligence il a réussi à me faire oublier ma chère patrie. Vous auriez dû nous voire ensemble.

Nous étions capable des pires folies que deux jeunes hommes peuvent faire quand ils ont de l'argent. Nous avons aussi beaucoup lu et étudié.

Puis un drame est survenu. J'ai décidé de partir. De fuir pour oublier. Mili lui prit doucement la main.

Mais où aller ?

tant de fois J'ai lu et relu les mémoires d'Antonio Pigafetta sur son voyage autour du monde avec Magellan.

Vivre l'aventure, la vraie !

Ah! Traverser le détroit qui sépare l'océan Atlantique du Pacifique, et découvrir la terre de feu. Imaginez un peu ce lieu hostile où les conditions climatiques sont les plus défavorables de la terre. C'est dit-on, un endroit lugubre, battu sans cesse par un vent violent venant du nord, contre lequel se heurte un courant marin du sud. Des vagues triangulaires se forment alors, capable de broyer les navires qui s'y aventurent. Il subsiste çà et là échouées telles des squelettes, des carènes de voiliers rongées par l'eau salée. Si bien que l'endroit porte divers noms aussi sinistres les uns que les autres : le cimetière des bateaux, le cap du dernier espoir ou île du désespoir. Si l'on en réchappe on peut se sentir vivant !

Il but une autre gorgée. Son discours enflammé l'avait forcé un cours instant à oublier la pochette de cuir qui l'attendait maintenant sur un coin de la table.

- Mais mon but ultime se trouve à mille kilomètres des côtes de l'Amérique du sud.

En remontant vers l'équateur, l'archipel des Galápagos dans l'océan Pacifique abrite la dernière espèce de dinosaures vivante : l'iguane.

C'est un vrai paradis pour les espèces animales : fous à pieds bleus, iguanes marins et terrestres, otaries et crabes Sally-pied-léger cohabitent sur cet archipel d'origine volcaniques dont la reine est la tortue géante, communément appelée "Galapago".

Le climat doux qui y règne est dû à la rencontre entre le courant froid de l'Antarctique et celui du Mexique qui est chaud. Malgré tout, cette terre demeure inhospitalière pour l'homme en l'absence totale d'eau douce. C'est à partir de ses observations de la vie là bas que Charles Darwin a développé sa théorie de l'évolution de l'espèce. Vous en avez entendu parler je suppose ?

- Ce maudit anglais ? Oui bien sûr ! J'ai d'ailleurs lu son livre. Il prétend que la vie sur terre serait apparue il y a plusieurs millions d'années ; qu'elle se serait formée à partir d'un ou de quelques organismes simples qui auraient engendrés les millions d'espèces qui existent aujourd'hui. Et pour couronner le tout, que ce processus de création serait issu de la force de la nature appelée sélection naturelle. En bref plus besoin de Dieu pour expliquer l'existence de l'homme sur terre ! Mais dans la Bible il est écrit que Dieu a créé la terre, la mer et les cieux. Il les a peuplé d'algues de fleurs ; de poissons ; d'oiseaux et d'animaux de toute sorte. Puis qu'il a créé l'homme à son image. Dieu a fait toutes les espèces séparément sans lien de parenté.

Tout en tapotant du doigt la Bible qu'il venait de poser sur la table.

- Ca, c'est la vérité universelle dictée par nôtre seigneur. Comment pourrais-je la remettre en cause ?

Vous voulez des preuves ? Les fossiles que l'on retrouve un peu partout, que ce soit au creux des vallées ou au sommet des montagnes, témoignent de la réelle existence du déluge biblique. Comme les ossements des wisigoths sur le site du tombeau d'Alaric attestent de l'effroyable bataille qui a eu lieu.

- Peut-être. Mais ce qui est intéressant c'est la façon dont Darwin a élaboré sa théorie. Voici un exemple : il a remarqué que le bec des pinsons du continent présentait des différences notables avec celui les individus des îles situées à mille kilomètre des côtes. Chaque espèce avait développé sa propre forme de bec en fonction de la nourriture présente sur son île. Certaines en possédaient un plus gros, mieux adapté pour casser les graines, d'autres plus pointu et étroit, permettant d'attraper les insectes ou le pollen des fleurs. Tous cependant avaient un ancêtre commun, celui du continent.

En gros pour se nourrir, l'espèce a dû développer une nouvelle forme de bec. Cette amélioration s'est transmise depuis, de génération en génération. Les individus qui n'ont pas pu s'adapter ont disparu, les autres ont formé une nouvelle espèce de pinson.

En voici un autre : les iguanes pour lesquels Darwin ressentait un profond dégoût à cause de leur couleur sombre, se servent de cette particularité pour absorber rapidement la chaleur du soleil et ainsi ne pas rester en léthargie trop longtemps à leur sortie de l'eau. Leur coloration varie en fonction des saisons et des périodes de reproduction.

Ou encore les fous à pied bleus, appelés ainsi pour leur maladresse sur terre. Ces oiseaux marins utilisent leur pattes de couleur turquoise uniquement pour couver leurs œufs.

Chaque espèce possède des caractéristiques qui lui sont propres pour survivre. N'est-ce pas fascinant ?

La description extatique que Jean venait de faire de ce nouveau paradis terrestre, contrastait avec le grondement colérique du prêtre mortifié.

Mili devant la tournure que prenait la discussion, tenta d'apaiser les esprits.

- Messieurs, allons, du calme. Après tout, ce n'est qu'une théorie.

Chapitre 4

- Elle a raison mon père. Veuillez me pardonner, Je suis parfois animé d'une passion débordante. Toujours est-il que nous nous rendons à Portsmouth. Sur place une goélette nous attend, prête à appareiller. Depuis l'Angleterre, nous rallierons dans un premier temps Buenos Aires où nous ferons escale avant de mettre le cap sur le détroit de Magellan.

- Mais mon fils, n'est-il pas risqué d'embarquer votre fiancée dans une entreprise aussi folle qu'égoïste ?

Jean n'eut pas le temps de répondre.

- C'est moi qui ait insisté pour qu'il m'emmène avec lui. Vous ne pensez tout de même pas que Je vais l'attendre sagement les bras croisés à Vienne !

- L'époque s'annonce aventureuse alors aventurons nous avec elle !

Puis citant Whitman :

"Oh moi. Oh la vie. Les questions sur ces sujets qui me hantent !

Saviez vous mon père qu'il y a soixante ans de cela, l'astronome Heinrich Olbers alors qu'il observait le ciel étoilé, se posa la question suivante : si l'univers est éternel et sans fin ; pourquoi la nuit, le ciel devient-il noir ? Il devrait baigner dans une lumière éblouissante due à la multitude d'étoiles qui le composent...

Trente ans plus tard, le mathématicien Bernhard Riemann, en répondant à cette question, offre une vision de l'univers qui donne le frisson : la terre reçoit seulement la lumière qui a eu le temps de lui parvenir depuis le point de la naissance de l'univers. Celui-ci serait en constante dilatation !

Il posséderait donc des points Alpha et Oméga. Par conséquent un début et une fin.

Et si comme Anaxagore le prétend, rien ne naît de rien, l'on peut espérer un jour percer les mystères du ciel et peut être contempler le visage de notre créateur. Dieu tenant entre ses mains notre monde, vous rendez-vous compte ?

Le prêtre perdu dans ses pensées vida son verre d'un trait.

- Hum, comme vous le voyez mon père, en plus d'être fascinée par le ciel, Mili s'intéresse aussi à la métaphysique. En somme nous nous complétons. Ceci dit ma chère, si Dieu est à l'origine des lois physiques, lorsque notre curé tombe sous l'effet de la gravitation il accomplit une action de grâce.

Mili lui lança un regard furibond.

- Ma chère enfant, votre façon de voir me plaît assez.

Mais passons à table, vous devez avoir faim.

Tout en servant copieusement le ragoût dans les assiettes que lui tendaient ses convives, l'abbé cherchait comment ramener ces impies sur le chemin de la foi. La tâche s'avérait difficile face à ces étrangers apparemment férus de science, vu que cette discipline semblait avoir réponse à tout.

C'était encore pire pour Mili qui, par son apparence angélique le troublait. Elle avait des yeux d'un bleu profond à vous damner...

C'est simple il se sentait défaillir à chaque fois qu'elle s'adressait à lui. Sans s'en rendre compte, Il était en train de tomber amoureux. Comment pouvait-il prétendre à cela, lui le petit curé de cette paroisse oubliée de Dieu !

A son arrivée cinq ans plus tôt, il avait en effet trouvé une église pratiquement en ruine et une commune trop pauvre pour vouloir l'aider à la restaurer. Malgré les encouragements de son évêque, il avait vécu sa nomination presque comme une châtiment . Enfin, la plupart des gens du village lui étaient hostile depuis qu'il avait essayé d'influencer leur vote en faveur de la monarchie lors des élections de 1886. Mais grâce à l'aide de généreux donateurs du village et des alentours, il avait réussi à faire réparer le toit, consolider les murs et donner un coup de peinture à l'intérieur de l'édifice pour le rendre moins austère. Certes, il manquait une grande partie de la décoration faute d'argent.

Il ne se serait pas rendu compte qu'il chargeait à outrance la dernière assiette que Mili lui tendait si monsieur Jean ne l'avait pas interpelé.

- Quel est le nom de votre village déjà ?

- hum "les chariots" serait une traduction correcte de son nom latin. Il est posé tout en haut d'un piton rocheux d'oxyde de fer, d'où la couleur ocre de la terre qui nous entoure.

Un historien local a prétendu dans une monographie publiée en 1876, que notre village aurait joué un rôle important dans l'histoire de France dès le cinquième siècle.

En effet des barbares venus de l'Europe de l'Est se seraient installés sur ce pog et en auraient fait la capitale de leur royaume.

Bien que des vestiges subsistent encore çà et là ; (une tour sous le village et l'autre en bordure sud-est de la falaise) ; ces affirmations restent hasardeuses du fait que ses sources étaient issues de tradition orale. Ce qui est authentique, c'est que l'évêque Théodulf sous le règne de Charlemagne fait bien mention de sa visite chez nous dans ses écrits !

Puis d'un air plus sombre encore....

- Mais nous avons eu au cours des siècles la visite d'un personnage bien plus illustre qui a laissé des traces de son passage un peu partout dans la campagne environnante.

Au dessus de la station thermale voisine, il s'est taillé dans la roche un fauteuil qui porte son nom encore aujourd'hui. Asseyez vous à sa place et contemplez la vue sur le village en contrebas.

Puis, si vous en avez le courage, suivez le sentier qui contourne son trône en direction du sud-est. En pleine forêt vous y trouverez l'empreinte qu'il a laissée sur une pierre en forme pain.

Toujours selon la légende, non loin de là, il a aidé les romains à bâtir un pont en une nuit, leur permettant ainsi de franchir le fleuve Atax et d'envahir la ville d'Aletha. Si le coeur vous en dit, allez admirer ses ruines faites de ciment et de briques près de la source "las Escaoudos" en longeant les rives du fleuve.

Enfin, il a été le porteur de lumière d'une secte qui prétendait délivrer le véritable message du Christ.

En effet, l'an mille a vu naître en Europe occidentale cette hérésie qui persistera sur cette terre jusqu'au début du quatorzième siècle.

Nos moines soldats vont mener une croisade contre ces égarés de Dieu dans le feu et le sang. Seuls, subsistent en haut de nos collines les ruines des châteaux qui abritaient ces âmes perdues. C'est...

- Le diable !" avait murmuré Mili malgré elle, hypnotisée par le discours du prêtre.

Chapitre 5

Oui ma chère c'est bien lui !

Jean qui souriait, visiblement amusé par la situation intervint.

- vous qualifiez ce courant de secte, alors que ce n'est finalement qu'une autre forme de Christianisme qui privilégiait le nouveau testament.

-Les apôtres ne sont en aucun cas des hérétiques !

- Je n'ai pas dis ça. Mais les bonshommes avaient une préférence pour Saint Paul et Saint Jean dont les écrits sont plus universels. Jean débute son récit par la création de l'univers, la lumière jaillissant dans les ténèbres, la parole de Dieu qui est le commencement de tout. Paul, lui, justifie son statut d'apôtre en affirmant qu'il a été désigné par le Christ. Lisez les versets dix-huit à vingt-six du premier chapitre. En filigrane on peut y lire la révolte des anges, leur chute, et la création des hommes par la créature du créateur.

L'abbé maintenant, feuilletait d'un geste vif la Bible qu'il avait pris sur la table.

- C'est un fait, ils prêtaient à Jésus un rôle moins important que chez les chrétiens.

Cependant ces deux religions ont un point commun : il existe un Dieu parfait qui a engendré des créatures. Celles-ci finissent par lui désobéir. Chez les uns, Lucifer se révolte contre Dieu et provoque la chute des anges ; chez les autres, Eve, mange le fruit de la connaissance et provoque le bannissement de l'homme du paradis.

La grande question est : comment se fait-il que Dieu qui est tout puissant et qui possède l'ultime connaissance, ne nous a pas conçu dès le début aussi parfait que lui ? Cela lui aurait évité bien des problèmes.

- Dieu nous a fait à son image, c'est écrit, là !

- ben voyons ! Quel reflet !

- vous n'êtes pas d'accord ?

- Ah ! Si c'est écrit

- Vous n'êtes pas d'accord ! Reprit l'abbé avec insistance.

- Donc pour vous, nous sommes parfaits !
Et tant que nous y sommes, allons-y carrément, nous sommes tous des Dieux !

- Bah bien sûr que non. Où voulez-vous en venir ?
Jean souffla avant de reprendre de plus belles.

- Prenez cette tasse par exemple d'un noir absolu.
Pour nous elle représentera Dieu. Vous y verserez tout à l'heure, un café d'un noir aussi parfait. Il incarnera ses créatures. Le tout va alors former un ensemble noir d'une perfection telle, que l'un pourrait se confondre avec l'autre. Dans ces conditions comment Dieu pourrait-il se distinguer de sa création, sinon en la rendant imparfaite ? Par sa couleur, sa forme peut-être, que sais-je ? Je vous l'accorde Dieu a gardé le meilleur pour lui, c'est à dire la perfection. Mais cela entraîne un problème d'éthique. Dieu n'est-il pas la bonté incarnée ? Nous rendre imparfait signifie tout de même "moins bien que lui."
Le prêtre ouvrit la bouche pour protester.

-Laissez moi finir. J'ai gardé le meilleurs pour la fin !

L'église, en s'appuyant sur les textes d'Aristote a adopté le principe du libre arbitre. En effet si l'homme est libre, Dieu n'est plus moralement responsable du mal sur terre. Chez les bonhommes, le libre arbitre n'existe que parce que Lucifer l'a inventé. C'est ainsi faire le contraire de ce qu'on est obligé de faire par nature : le mal, la tentation, le péché, etc...

La matière est donc pour eux, synonyme d'imperfection.

Certains scientifiques ont récemment affirmés que notre univers serait régi par une loi de causalité.

Une cause aurait un effet qui serait la cause d'un autre effet etc....

Pierre Simon Laplace va plus loin en suggérant que cet enchaînement ordonné et structuré, a une origine intelligente appelée aujourd'hui "démon de Laplace".

Une entité supérieure qui a insufflé à l'univers un mouvement réglé comme une horloge.

Vous, vous l'appelez Dieu. Eux ...

- Jean....
- Je ne vous permet pas...
- Mais le Christ n'est que l'allégorie de...
- Jean .....
- Oui ma chère.....
- vous allez finir par mettre notre hôte mal à l'aise !

Mili le foudroyait littéralement du regard, ce qui ne manquait pas de plaire au curé. Aucun n'avait encore touché son assiette.

Chapitre 6

L'abbé bénit le repas et proposa de manger rapidement avant que celui-ci ne refroidisse. Puis il se rassit. Tassé au fond de son fauteuil, il essayait de digérer le discours de son invité.

La viande était succulente et les convives ne se firent pas prier pour en reprendre. Une bouteille de vin du pays aux notes de fruits rouges et de vanille accompagnait à merveille le plat.

Tout cela réconcilia ce petit monde.

- Mon père, puis-je vous poser une question indiscrète ?

- Je vous en prie mon fils.

- J'ai remarqué que la décoration de votre église était assez sobre, pour ne pas dire dépouillée....

D'habitude, celles-ci sont un livre d'images, destiné à tous ceux qui ne peuvent pas lire la Bible....

Le prêtre se gratta la tête visiblement gêné.

- Vous voulez savoir pourquoi un tel ascétisme allégorique, c'est ça ?

Tout simplement par faute d'argent. J'ai engagé une somme considérable dans la réfection du toit et la consolidation des murs. La peinture intérieure a eu raison de mes économies personnelles.

Mais quelque chose me dit que je vais pouvoir bientôt y remédier, lâcha-t-il perdu dans ses pensées. Je sais que la tâche sera difficile.

Vous pensez ! Je viens du village qui se trouve sur ce petit mont en face, à quelques kilomètres de là. Je connais tout le monde. Le problème c'est que républicains viennent de remporter les élections. Avec eux souffle un vent de changement.

Leur laïcité a chassé la religion de nos écoles qui ne veulent plus de nos crucifix, et encore moins du catéchisme !

Ces derniers remplacés par la philosophie de Kant, laissez moi rire ! Une loi morale nécessiterait selon lui l'absence de sentiments et de faiblesse. Pourquoi devrait-elle être dénuée d'intérêt et s'apparenter à un devoir ?

Donc oui ! Je veux faire de cette église délabrée un temple digne de celui qui remplit l'immensité de sa présence.

Les couleurs pastel des murs rendent ce lieu déjà moins austère. Je voudrais en faire un endroit accueillant.

Pour cela je vais utiliser non seulement la Bible pour sa décoration, mais aussi les légendes locales pour que ; à travers elles ; les gens comprennent mieux le message du Christ. Je vous ferais une visite guidée après le repas si cela vous dit.

- Volontiers.

- Mais en attendant je vais débarrasser pour le café. Tout en disant cela, il fit un clin d'oeil à Jean.

Mili luttait contre le sommeil qui l'envahissait, bercée par la chaleur de la cheminée qui chauffait la cafetière suspendue juste au dessus du feu.

- Des chambres sont disponibles à l'étage, vous pouvez passer la nuit ici, vous êtes chez vous.

- Si ça ne vous dérange pas, j'en serai ravie. Je vous laisserai ainsi terminer votre joute verbale, que j'ai interrompue tout à l'heure. Jean est un peu insomniaque ces temps ci.

L'abbé fut intrigué par cette phrase. Mili s'avança vers son compagnon pour lui glisser un mot à l'oreille. Elle l'embrassa tendrement sur la joue avant de suivre le curé, qui déjà s'était saisi de sa valise.

Les escaliers de bois craquèrent sous leur poids, tandis que Jean finissait de déguster son verre de vin, affalé dans sa chaise.

Il contemplait la sacoche de cuir, rêveur.

Le prêtre lui, savourait cet instant. Escorter l'ange aux yeux bleus jusqu'à sa chambre le remplissait de joie. Celui ci le congédia avec un sourire charmant qui resterait longtemps gravé dans sa mémoire. Bien décidé à en savoir plus sur son invité mystère, il redescendît quatre à quatre les escaliers.

Il n'eut pas le temps de servir le café que son hôte l'interrogeait déjà sur ses véritables intentions.

- Vous nous attendiez n'est-ce pas ?

Le curé reçut la question tel un uppercut en plein visage. Préférant rester debout, il commença son récit.

Depuis la fin de matinée, des villageois parlaient d'un étranger qui errait sur la place de l'église. Curieux de nature, il s'empressa de s'habiller en civil et de contourner le village en direction de l'est, par un petit sentier qui longeait le mur du cimetière.

Il dépassais l'ancien château seigneurial dont la végétation dévorait les ruines, quand il aperçut tout au bout du chemin une silhouette qui admirait la vue sur la vallée à l'entrée du village.

Dans un premier temps il rebroussa chemin craignant d'être repéré. Il attendit cinq bonnes minutes avant de remonter le long du sentier.

Plus personne ! Mais en direction de la mairie, il remarqua un homme élégamment vêtu arpenter la rue principale qui menait à l'église.

D'un pas pressé, il le talonna et le vit engouffrer dans la maison du seigneur.

Il contourna alors la sacristie qui était accolée à l'église.

À l'aide d'une clé, il fit jouer la serrure de la porte et y pénétra. Il s'enferma, le coeur battant, tel un élève faisant l'école buissonnière.

Il se changea et par une ouverture secrète aménagée dans une armoire, il pénétra dans la seconde pièce de la sacristie en habit de prêtre. C'est ainsi que d'habitude, il pouvait entrer et sortir de l'église incognito.

Par le judas de la porte, il observa un long moment l'homme qui semblait prier au pied de l'autel.

Il refit le chemin en sens inverse. Il sortit de la pièce secrète, contourna l'église par l'extérieur et y entra par le porche sur lequel on pouvait lire "ce lieu est terrible".

Cette petite phrase tirée de la Genèse, en guise de provocation aux républicains le rendait fier.

Juste avant, il avait rencontré sa servante qui venait du presbytère. Il lui demanda de préparer en vitesse un repas, de mettre la table et de prendre congé pour la nuit.

- Voilà vous connaissez toute la vérité. Vous savez, il ne se passe pas grand chose par ici. La venue d'un étranger attise une certaine curiosité puérile.

Et puis il faut vraiment en vouloir pour s'égarer sur notre colline. En suivant la route principale il vous était impossible de vous perdre !

Chapitre 7

Jean inspira profondément.

- Vous avez raison sur toute la ligne, c'est à mon tour de vous dire la vérité.

En réalité, mon cousin était le fils de l'empereur François-Joseph. On l'a retrouvé mort en compagnie de sa fiancée dans un pavillon de chasse.

Tous deux gisaient une balle dans la tête.

- Ça me revient maintenant, La thèse officielle a conclu à un double suicide je crois ?

- Certes. Il est vrai que Rodolphe oscillait entre l'euphorie et la dépression. Mais comment un droitier peut-il se tirer une balle dans la tempe gauche ?

Non pour moi c'est un meurtre. Et Marie Vetsera en a été le témoin involontaire. Il a donc fallu aussi l'éliminer.

Vous savez, mon cousin était un rebelle. Il a publié plusieurs articles remettant en cause la politique de son père.

Il a même tenté un rapprochement avec l'un de vos hommes politiques, qui venait faire ses cures en Autriche. Il s'appelait Georges Clémenceau je crois, un républicain si je ne m'abuse.

Je l'avoue, j'ai un temps soupçonné l'empereur d'avoir commandité l'assassinat. Était-ce possible ? J'ai pris peur. J'ai donc demandé une audience. J'en ai profité pour lui rendre mes titres, récupérer ma fortune et quitter précipitamment l'Autriche.

Avant, je suis passé chez une cousine à qui Rodolphe avait confié une cassette de documents. Je les ai récupérés sans pourtant oser en lire le contenu. Ils sont là, dans la sacoche de cuir qui désormais ne me quitte plus.

L'empereur veut sans doute les récupérer puisque son armée me traque depuis mon départ. Heureusement, la mère supérieure d'un couvent non loin d'ici, a bien voulu m'aider en me permettant de rester caché entre ses murs. Ne soyez pas étonné ! C'est la sœur du Kaiser Guillaume II en personne ! Mais chut, c'est un secret d'état. Il fit un clin d'oeil à l'abbé. C'est elle qui m'a parlé de vous, et de vos récentes découvertes dans les entrailles de votre église. De quoi bien avancer vos travaux de restauration, je crois.

Le prêtre avait pâli à l'évocation de son trésor.

Soyez tranquille, cela restera entre nous.

Vous avez une petite idée sur l'origine de votre trouvaille ?

Encore étourdi, l'abbé essaya de répondre.

- Dans les années treize cent, certains seigneurs de la région ont été surpris en train de fabriquer de la fausse monnaie en or. Je suppose que la marmite pleine de pièces que j'ai retrouvé dans la crypte, faisait partie du stock des contrebandiers. Ceux-ci n'ont sans doute pas osé l'écouler tout de suite après leur arrestation. Ont-ils attendu le bon moment pour refondre l'or ? Ce temps ne s'est peut être jamais présenté. Mystère !

- Et l'entrée est-elle déjà condamné ?

- Oui, définitivement. Une ouverture dans le sol, dévoilait un escalier sous l'allée, menant au tombeau des seigneurs du village. Mais j'ai découvert un autre accès bien à l'abri des regards.

- Où ça ? Demanda Jean, une lueur d'espoir dans les yeux.

- Dans le plancher de la sacristie. Vous voulez que je devienne le gardien de vos papiers c'est ça ?

- En quelques sortes. J'ai les moyens vous savez. Je peux vous donner une compensation. Disons trois mille francs tout de suite et trois mille de plus quand je reviendrais les récupérer. Qu'en dites vous ?

- Je marche, mais en espèces sonnantes et trébuchantes si vous voyez ce que je veux dire ?
- Oui, oui, parfaitement.
Maintenant, votre discrétion sera votre assurance vie. Des gens sont prêts à tuer pour ces documents.
- N'ayez craintes, je serai une tombe.
Jean sortit une bourse de pièces d'or qu'il déposa sur la table.
- Emmenez moi visiter votre future église, après tout, j'en suis le promoteur involontaire.

Chapitre 8

La pluie avait cessé, dévoilant un ciel plein d'étoiles. Deux ombres furtives une lanterne à la main, longeaient le mur du presbytère. Même en marchant sur la pointe des pieds, le crissement de leurs pas trahissait leur présence. Jean, tout en suivant le prêtre frissonnait de joie. Cette promenade en pleine nuit dans les bas-fonds d'une église avait pour lui un goût d'aventure. Il était heureux d'abandonner enfin son fardeau. Une fois en mer, il cesserait de regarder sans arrêt par dessus son épaule. Il n'avait pas osé l'avouer, mais il ne reviendrait jamais. Dans un grincement interminable, le curé ouvrit la porte de l'église. Une odeur de peinture et de pierre humide leur saisit les narines. Un calme inquiétant régnait dans l'édifice. Une faible lueur pénétrant par les vitraux permettait à peine de deviner la structure de la nef. Alors qu'ils s'engageaient dans l'allée en direction de l'autel, Jean se rendit compte qu'il n'était pas rassuré. Il tenait malgré lui fermement dans sa main le pommeau de son épée. Ils contournèrent la dernière rangée de banc à leur droite et accédèrent à la sacristie. Petite, carrée, elle était remplie d'objets liturgiques en tous genres. Un véritable bric à brac religieux.

Une armoire certainement remplie de vêtements de cérémonie trônait contre le mur est. Jean remarqua qu'elle était positionnée au centre. Il voulu questionner son hôte mais il n'en eu pas le temps. Ce dernier mettait à jour une trappe dissimulée sous un tapis. Une fois soulevée, elle dévoilait un escalier semblant descendre directement en enfer. Une dizaine de marches plus bas, une grille de fer barrait l'accès à la crypte. Au dessus d'eux se trouvait l'autel, à leur gauche, l'allée centrale. Ils pénétrèrent enfin dans le sanctuaire. Trois colonnes de chaque côté soutenaient la voûte d'une absidiole abritant chacune un tombeau.

L'absence de décoration, ajoutée à la faible lumière des lanternes rendait cet endroit lugubre.

Des ouvertures avaient été pratiquées dans les fondations de l'église afin de laisser passer la clarté de l'extérieur. Les rayons du premier croissant de lune éclairaient ainsi un sol recouvert de grosses dalles de pierres carrées.

Le prêtre alla pratiquement au bout de la crypte avant de se retourner vers Jean, d'ouvrir grand les bras et de s'exclamer :

- Voilà, nous y sommes ! Déposez votre sacoche où vous voulez, vous avez assez de place me semble t-il. Mais si j'étais vous, je la poserais au moins sur l'un des tombeaux, ça la protégerait un peu plus de l'humidité du sol.

Jean s'approcha de la première abside à sa droite et fit comme le prêtre lui avait suggéré. Il était pressé de quitter l'endroit.

Il frissonna. Toutefois, il s'aperçut qu'il n'avait pas froid. Étant sous terre, la température semblait douce et constante.

- Remontons mon fils, il ne sert à rien de s'attarder ici plus longtemps.

Arrivé en haut des escaliers, Jean se sentit soulagé. C'était pour lui presque comme une renaissance.

Sans attendre son hôte, il sortit de la sacristie pour contempler l'église encore plongée dans l'obscurité.

Il souffla.

- C'est étrange, cette sensation de se sentir à l'abri.

- Pas du tout. Jean se retourna. L'abbé se tenait déjà derrière lui.

La nef dans laquelle nous nous trouvons se dit "navis" en latin, ce qui signifie vaisseau.

C'est un bateau qui vous protège tout au long de votre voyage.

L'église, je veux dire le bâtiment en lui même, est à plus d'un titre symbolique. La nef représente la terre, alors que le chœur symbolise le ciel.

La chaire permet au prêtre d'être entendu par tous lors de ses sermons, tout comme Jésus au sommet de la montagne, dans l'évangile de Mathieu au chapitre V.

L'autel sur lequel je bénis le pain et le vin représente la table utilisée par Jésus lors de la cène.

La plupart des édifices catholiques sont orientés dans l'axe est-ouest. Le vitrail derrière l'autel dispense la lumière du soleil levant, qui s'apparente à la résurrection du Christ.

De plus les bâtiments ont été érigés sur d'anciens sites sacrés.

Ici, nous nous trouvons dans l'ancienne chapelle comtale du château. Vous avez dû l'apercevoir sur votre droite en remontant la rue principale du village.

D'ailleurs comme vous l'avez constaté, ses derniers seigneurs dorment sous nos pieds."

- Vous avez déjà songé à la décoration je suppose ?

- Ma foi oui un peu.... Mais vous en aurez la surprise quand vous reviendrez !

- Ah non, dites m'en plus !

Un sourire se dessina sur les lèvres du prêtre, ravi de la curiosité de son compagnon. Il ne se fit pas prier davantage.

- Évidement, il y aura une statue de la sainte des lieux. Peut être derrière nous, contre le mur méridional.

Au bout de l'allée un nouveau confessionnal, avec un fronton sculpté, rappelant une légende locale. Celle d'un berger qui aurait découvert de l'or au fond d'une crevasse, alors qu'il portait secours à l'une de ses brebis tombée dedans.

- C'est une région qui foisonne de trésors ma parole !

- C'est pour cette raison que trônera sur un piédestal, le saint patron des objets perdus : Antoine de Padoue. Grâce à lui j'ai trouvé un magot !

Ses yeux maintenant brillaient d'une lueur étrange. Son visage s'était soudainement transformé.

Il était comme possédé, ce qui fit instinctivement reculer Jean d'un pas, qui pourtant, n'était pas un poltron. Mais quelque chose avait changé.

Depuis leur entrée dans l'église, le prêtre était empreint d'un charisme encore plus affirmé. Sa carrure imposante y était certainement aussi pour quelque chose. Après tout, il était un peu comme chez lui, dans la maison de Dieu.

La sensation d'une main lourde s'abattre sur son épaule le sortit de sa torpeur.

Une voix éraillée lui demanda :

- Tout va bien ?

- Heu je crois, oui...

- Parfois, je m'emporte, je suis un passionné. Vous devez me prendre pour un ambitieux, un bâtisseur, mais il n'en est rien. Il faut absolument que je rende cet endroit accueillant. Vous me donnez cette opportunité et je vous en remercie sincèrement. Comme je vous l'ai dit tout à l'heure, le temps de la laïcité est venu. Et nous autres membres du clergé, avons à redoubler d'effort pour garder les fidèles dans nos églises.

Chapitre 9

Affalé sur une chaise, Jean dégustait un verre de mousseux. Depuis son retour des entrailles de l'église, il se sentait apaisé, délivré même.

Il pouvait maintenant penser au futur. Bien au chaud au coin du feu, Il rêvait déjà de voyage en pleine mer. Il se voyait accoudé au bastingage de sa goélette, affrontant les embruns.

Le prêtre apparut dans l'encadrement de la porte, un livre à la main.

- J'ai un petit cadeau pour vous.

C'est un livre écrit par l'un de mes confrères de la région. Un ouvrage assez curieux à vrai dire. J'ai eu beau le relire maintes fois, je ne vois toujours pas où il veut en venir. L'a t-il su lui même un jour ? Je commence à en douter. Enfin cela vous distraira pendant votre périple.

- Je vous remercie. Nous partirons dès l'aube, il nous reste un long voyage jusqu'en Angleterre, vous savez.

- Aucun regret ?

- Aucun.

- Dans ce cas bon vent, et que Dieu vous bénisse.

- Merci mon père. Prenez soin de vous.

Le prêtre sortit de la pièce sans se retourner, le cœur lourd. En un soir à peine, il s'était attaché à ces deux compagnons d'infortune.

————————————

Le 26 mars de la même année, nos deux aventuriers quittent Portsmouth à bord de la Santa Margharita.

Jean qui est en conflit permanent avec son capitaine, profite de leur arrivée en Argentine pour le congédier. Ayant passé avec succès l'examen de long cours avant leur départ, il prend le commandement de la goélette.

Le vaisseau longe maintenant les plaines caillouteuses de la Patagonie. Cette terre aride parsemée de buissons épineux semble comme touchée par une malédiction. Ici et là on peut apercevoir des troupeaux de guanacos, sortes de lamas à pelage roux scruter l'horizon ou brouter de l'herbe en toute quiétude.

La Santa Margharita après avoir dépassé les îles Falkland, approche de la Terre de Feu qui est constituée de montagnes peu élevées. Celle-ci sont couvertes d'immenses forêts du bord de l'eau jusqu'à leur sommet. Des tempêtes de grêle, de pluie ou de neige s'y abattent de façon quasi continu.

Plus au sud, le Cap Horn apparaît comme un promontoire perdu dans un épais brouillard obscurcissant le ciel. La mer constamment agitée met à rude épreuve le moral de l'équipage. Mais ce n'est rien comparé au détroit de Magellan, bordé par deux plaines de même niveaux et dont les rives sont souvent soumises à des conditions climatiques extrêmes : un vent violent et une mer déchaînée.

La goélette s'engouffre dans le détroit. La mer est étrangement calme. Partout autour du navire, des montagnes noires se dressent en sentinelles peu rassurantes. Leurs sommets enneigés se perdent littéralement dans un océan de nuages. Par endroits, du haut des glaciers, de gigantesques cascades ruissellent le long de leur flanc pour se jeter dans la mer. Seul le sillon d'écumes blanches laissée par la Santa Margharita trouble le reflet bleu vert de l'océan. Le brouillard qui se forme derrière le vaisseau semble interdire tout renoncement dans sa progression. Il envahit l'espace avec la volonté d'effacer toute trace de son passage. Sur le pont le capitaine reste vigilant. Il fait froid. Les bras croisés, il lutte contre un vent violent qui vient de se lever. Assourdissant, celui-ci souffle dans la mâture, gonflant les voiles au risque de les déchirer.

La goélette tient le cap. Sa forme effilée la rend docile aux manœuvres les plus périlleuses. C'est une dame fière qui évolue dans cet enfer maritime. De la proue, on ne distingue pas encore la sortie du détroit. Soudain par tribord avant, un trait de lumière apparaît à la surface de l'eau sombre. Un miracle ! Le soleil a réussi à percer les nuages. La goélette brille un cours instant de milles feu. Les rayons du soleil rebondissent à travers chaque goutte d'eau salée de la brume qui l'entoure. Un moment d'émerveillement pour tous les marins présents sur le pont. Un cri succède au silence. Pleine mer droit devant !

Chapitre 10

Un homme se repose, assis sur une pierre. Elle semble provenir de la tour en ruine qui se trouve derrière lui. Celle-ci lui offre un peu d'ombre en cette fin de journée du mois d'octobre. La montée a été laborieuse. Et pourtant, il lui reste à vue de nez encore une bonne demie heure de marche pour atteindre le village, perché sur cette petite colline de terre ocre. Sa barbe hirsute le démange. Il s'évente à l'aide de son chapeau de paille. C'est un homme ployant sous le poids de l'âge qui se relève, bien décidé à parcourir les derniers mètres qui le séparent d'un verre d'eau fraîche bien mérité. Du village, émerge une tour de style gothique munie d'une échauguette cylindrique. Dans son prolongement, un chemin de ronde épouse les contours de la falaise rocailleuse dont la pente douce, est envahie par la garrigue.

L'homme arrive enfin. Il peut admirer le blason d'azur à la bordure d'or peint sur l'une des pierres à l'entrée du village.

Mais celui-ci est curieusement désert. Quelque part une cloche sonne onze heures.

Il comprend : c'est la messe dominicale.

Guidé par ce phare sonore, il remonte l'allée principale qui le mène jusqu'à une place.

Et là, il assiste à un curieux manège :

Les villageois, au lieu de se présenter à la porte de l'église, rentrent en file indienne dans le presbytère. Discrètement, il attend que tout ce petit monde disparaisse à l'intérieur de l'édifice pour leur emboîter le pas.

Le cortège a presque disparu. L'inconnu pénètre alors dans un couloir au bout duquel un escalier permet l'accès à l'étage. Tout en montant, il admire des tableaux accrochés au mur. Entre autres, une lithographie de Mucha, représentant trois jeunes filles qui ramassent des fleurs autour d'une fontaine et dont l'eau jaillit de la bouche d'un diable. Un autre met en scène des bergers autour d'un tombeau de pierre dans un paysage bucolique.

À l'étage, les gens accèdent déjà au dehors par une porte voûtée. Tandis que le troupeau tourne sur sa gauche, l'étranger n'en croit pas ses yeux !

Un parc d'herbe fraichement coupée, parsemé de rosiers rouges, roses, et blanc lui ouvre les bras. À sa gauche, une tour carrée se dresse. Si sa base de pierre la fait paraitre massive, le contraste avec son toit de verre, soutenu par une structure en métal est saisissant. Celui-ci ajoute à l'ensemble une transparence et lui confère une légèreté qui le laisse sous le charme. Le mur délimitant l'espace laisse deviner la terrasse qui le surplombe. Un escalier bordé de fleurs le guide jusqu'au niveau supérieur. Il n'a pas remarqué que les villageois s'entassent dans une petite chapelle qui jouxte le bâtiment parallèle au presbytère.

De grands arbres dispensent leur ombre au centre d'un second parc lui aussi très fleuri. Des allées tout autour convergent vers le point central où trône une table ronde entourée de chaises. En direction du nord-ouest, deux escaliers en colimaçon permettent d'accéder au chemin de ronde offrant une vue imprenable sur toute la vallée sur quatre-vingt-dix degrés. Sans s'en rendre compte l'homme s'est redressé. Une expression de joie illumine son visage.

Il ne peut s'empêcher de murmurer :

je suis arrivé au paradis !

Chapitre 11

Pendant ce temps, l'abbé s'était retranché dans sa tour. Au centre de la pièce trônait une table qui lui servait de bureau, surchargée de lettres et de livres qui s'entassaient de façon aussi chaotique que précaire.

Autour de lui une bibliothèque en bois massif abritait de nombreux ouvrages classés par genre. Un relieur était venu sur place pendant au moins trois mois, afin de leur offrir un écrin de cuir et de dorure qui se patinerai avec le temps. À travers les portes vitrées on pouvait se rendre compte de l'éclectisme de ses lectures. Des siècles de sagesse partageaient le même espace. Ainsi se côtoyaient Saint Augustin, Kant, Newton, ou encore Darwin... La science se rapprochait de la religion, la foi de la philosophie.

Mais les préoccupations de notre abbé étaient toutes autres pour le moment.

Il relisait fiévreusement pour la dixième fois une lettre tant attendue. Malgré de chaleureux remerciements pour le cadeau des six bouteilles de liqueur qu'il lui avait adressé, son correspondant déplorait la casse de l'une d'elle. S'en suivait un récit détaillé de la découverte de l'incident, ainsi que des causes probables du dommage lors du transport. Et pour couronner le tout, le bonhomme désirait démontrer lors de sa prochaine visite, la supériorité de la musique classique sur toutes les autres par l'exécution d'une partition de Haydn. Le bon goût musical concluait-il, lui donnerai vite raison. Mais rien, décidément rien en ce qui concernait leur affaire. Notre curé se demandait s'il avait fait le bon choix. L'adage qu'il vaut mieux "s'adresser à Dieu plutôt qu'à ses saints" prenait aujourd'hui tout son sens.

- Qu'il aille au diable ! Ma parole, il ne pense qu'à manger et à se distraire cet animal là !

Soudain une ombre apparut. Une femme d'une quarantaine d'année aux formes généreuses se tenait dans l'embrasure de La porte. Un fichu couvrait sa chevelure brune. Elle était vêtue d'un bustier blanc qui dérobait aux yeux impies sa forte poitrine. Par dessus sa robe noire, un tablier portait encore les stigmates du labeur de la matinée. C'était Marie sa servante.

- François, les villageois t'attendent !

L'abbé releva la tête et admira un cours instant ce visage rond plein de bonhommie. Ce regard malicieux il le connaissait bien.

- Je viens. Qu'y a-t-il ?

- Tu aimes te faire désirer hein ? Enfin, ta chasuble et ton étole sont prêtes sur une chaise dans la sacristie.

- Je te remercie.

Le prêtre se leva avec difficulté. Il venait d'avoir cinquante huit ans. Ces dernières années avaient été fastueuses : il avait achevé la rénovation de l'église, acheté des terrains autour et fait bâtir un petit domaine où il coulait des jours heureux. Enfin, jusqu'à la nomination d'un nouvel évêque. Ce dernier voulut savoir (on se demande bien pourquoi) l'origine d'un tel luxe. À partir de là les ennuis commencèrent.

Péniblement l'abbé s'approcha de l'une des portes de la bibliothèque, l'ouvrit et en sortit religieusement une bible dont le cuir neuf dégageait une odeur agréable à ses narines.

D'un regard attendri, Marie le regarda s'éloigner le long du chemin de ronde. François était son deuxième prénom. En lui permettant de l'appeler ainsi, il lui conférait un peu plus d'intimité.

Arrivé dans le jardin supérieur, le prêtre aperçut une silhouette qui lui semblait familière. Assis sur une chaise, l'homme avait posé son chapeau de paille sur les genoux. Il semblait jouir, à l'ombre d'un arbre, de la quiétude du parc. Perdu dans ses pensées, il ne vit pas tout de suite que quelqu'un marchait dans sa direction. Jean n'avait pas changé. Seules ses tempes grisonnantes trahissaient les effets du temps. Cela faisait déjà vingt et un ans que cet aventurier avait pris la mer. La soirée qu'ils avaient passés ensemble la veille de son départ, lui revint en mémoire. Cette rencontre avait littéralement réveillé en lui une curiosité désormais insatiable. L'accumulation toujours croissante de livres au fil du temps, nécessita l'érection d'un écrin digne de sa bibliothèque. Cette petite Alexandrie était sa fierté. Malgré les moyens financiers dont il disposait, le chantier s'était avéré plus difficile que prévu. Il fallut dans un premier temps remblayer le terrain qui sépare le presbytère de la bordure du plateau. A l'aide d'une dizaine de tonnes de terre, on recouvrit les vestiges d'une vieille citadelle. Dessus on éleva un chemin de ronde s'apparentant à l'ancien mur d'enceinte du village. Ce dernier fut pourvu de deux tours dont l'une lui servait de refuge pour ses lectures, l'autre de jardin d'hiver. Une véritable frénésie de bâtir s'était emparée de lui.

- Jean ! Quelle surprise ! Comment allez vous mon ami ?

L'homme se leva comme pris au dépourvu. Il semblait ne plus avoir la même assurance qu'avant.

- Mon père ! Comme je suis heureux de vous voir. Cet endroit est magnifique. Tout cela est à vous ?

- Disons que j'ai fais bon usage de votre don. Je suppose que vous êtes venu récupérer ce qui vous appartient...

Écoutez, je suis attendu pour donner la messe. Faites comme chez vous. Si vous avez besoin de quoique ce soit demandez le à Marie. Dans une heure je serai de retour pour le déjeuner. Vous aurez ainsi tout le temps de me raconter le récit votre voyage autour d'un bon repas.

Chapitre 12

Depuis le départ du prêtre, Jean était resté assis sur sa chaise. Près de lui, la servante s'affairait à mettre la table. Il la vit revenir des communs aménagés sous le chemin de ronde, les bras chargés d'assiettes.

Il dégustait tranquillement un verre de Chardonnay aux arômes de fruit à chaire blanche et au parfum de truffes qui s'avérait être un régal !

Ce petit miracle on le devait aux chênes truffiers qui côtoyaient parfois certains vignobles.

L'aventurier, tout au long de son périple, avait adopté une tenue vestimentaire assez simple et pratique : des pantalons amples de couleur claire, des vestes sombres aux poches profondes et un chapeau Panama à larges bords constamment vissé sur sa tête.

Mais quelque chose le tracassait....

Oui, le tableau des bergers qu'il avait admiré plutôt dans la montée d'escaliers, lui rappelait un paysage...

Mais lequel ?

Mystère !

Cela l'obsédait. Le cours de ses pensées fut interrompu par le retour du prêtre qui semblait sortir de nulle part, une assiette de terrine dans une main, une bouteille de Banyuls dans l'autre. Ce dernier marchait d'un pas rapide, comme si cette visite le ragaillardissait.

- Mon cher vous n'avez pas changé. Le temps se serait-il arrêté pour vous ? Parce que pour moi...

Tout en disant cela, il se pinçait le ventre en riant.

Et Mili ? Elle n'est pas avec vous ?

- Ma foi non, elle est retournée chez elle.

L'abbé dissimula sa déception et servit un verre à son invité.

- Vous savez, ce voyage a été tant pour elle que pour moi assez éprouvant.

- Mais votre paradis terrestre, vous l'avez trouvé tout de même ?
- Bien sûr ! Et comment ! D'ailleurs il me tarde de repartir. Mais seul cette fois.
- Et c'est tout ?
- Disons que les conditions de vie y sont plus dures pour l'homme que pour les autres créatures.
Le curé sentit que pour le moment, il n'en dirait pas d'avantage.
L'aventurier restait vague, distant même. Il en était sûr, le bonhomme lui cachait quelque chose.
Jean en profita pour détourner la conversation.
- J'ai quelque chose pour vous. Prenez.
Il sortit de la poche intérieure de sa veste une enveloppe.
De celle-ci l'abbé exhuma neuf feuillets de treize centimètres par dix environ.
Chacune des pages contenait deux textes côte à côte. L'un rédigé dans une langue qui lui était inconnue, l'autre sa traduction en français.

"Qu'est-ce que la matière ?

Durera-t-elle toujours ?

Tout ce qui est né,

Tout ce qui est créé

Tous les éléments de la nature

Sont imbriqués et unis entre eux."

- Qui a écris ça ? D'où le tenez vous ?
- J'étais sûr que cela vous plairait. Ce texte est attribué à la sainte patronne de votre église. Il aurait été rédigé au cours du deuxième siècle. L'original a refait surface il y a une quinzaine d'années chez un antiquaire égyptien.
Maintenant, il est conservé au département d'Égyptologie des musées nationaux de Berlin.

- Fascinant !

- À plus d'un titre ! Le texte bien que très ancien, énonce des concepts que l'on redécouvre aujourd'hui.

Prenez la première phrase par exemple. Ce n'est qu'au dix-huitième siècle que Kant énonce une théorie sur la formation de l'univers à partir d'entités élémentaires. Pour lui, celles-ci se seraient agglomérées sous l'impulsion de deux forces :

La répulsion entre les particules elles mêmes et la gravité que décrit Newton.

- En effet, le l'ai lu.

- Sans blagues ?

Et vous y croyez ?

Vous le religieux ?

- Mon fils, je vous répondrais que c'est pertinent.

J'ajouterai que pour moi, la matière est un peu comme un tableau de Seurat. De près, on ne voit que des points de couleur sur la toile.

Au fur et à mesure que l'on prend du recul, notre regard unifie ces minuscules touches de peinture en un dessin.

- C'est joliment dit.

- À propos, la peinture accrochée dans le presbytère représentant des bergers me dit quelque chose....

- Voilà une coïncidence bien troublante n'est ce pas ? En effet.

Moi même j'ai eu cette même impression.

C'est pour cela que je me suis empressé d'en acquérir une copie. Le paysage ressemble à s'y méprendre à celui qui se trouve un peu plus loin en direction de l'est. Si vous voulez l'admirer il vous suffit de redescendre jusqu'au village qui est au pied de cette colline.

Prenez à droite et suivez la route principale. Lorsque vous arriverez sur un pont, à votre droite il y aura un promontoire rocheux séparé de la route par un ruisseau asséché. En arrière plan ledit paysage, au premier plan.... Je vous en laisse la surprise !

Chapitre 13

Le ciel s'était couvert de nuages noirs. Un orage allait éclate en ce milieu d'après midi.

La légère brise qui jusque là rafraichissait agréablement l'atmosphère, se changea en bourrasques violentes et glacées.

Le prêtre suggéra de continuer leur discutions dans la tour de verre.

Une ombre les regarda s'éloigner depuis la fenêtre nord-ouest de la bibliothèque.

À leur entrée, la luminosité du lieu les éblouit.

Ils apprécièrent la tiédeur qui y régnait encore à l'intérieur.

Le prêtre s'assit alors sur l'un des bancs.

Jean lui tournait le dos, admirant la vue qui donnait sur le clocher de l'église.

- De nos jour on fait des merveilles en mêlant l'acier au verre. C'est véritablement de l'art.

- Oui, mais dans certains cas il perd toute sa beauté lorsque il devient trop moderne.

- Vraiment ? Pourquoi dites-vous ça mon père ?

- Pensez vous vraiment que le gentleman de monsieur Leblanc s'intéresserait à une peinture comme "La maison d'Éstaque" par exemple ?

Les formes du sujet sont tellement "géométrisées" que cela ne ressemble plus à rien. Et je ne parle même pas des "demoiselles d'Avignon" ! Là c'est carrément du délire !

L'oeil de l'aventurier se mît à briller. Il se délectait de cet affect pictural. Le prêtre n'avait décidément rien compris.

- Les auteurs ont choisi de représenter le sujet sous tous les angles de vue possible.

Voyez-vous, depuis une vingtaine d'année, certains artistes ont cherché d'autres formes d'expression.

Pour eux, il n'était plus question seulement de contempler une oeuvre, mais d'en être l'acteur involontaire. Pour cela, ils se sont inspirés des progrès de la science.

Ils ont ainsi tenté de reconstituer l'effet de réfraction de la lumière sur un objet.

Prenez cette tasse par exemple.

- C'est une obsession chez vous les tasses !

- Pardon ? Pourquoi dites vous ça ?

- Pour rien. Continuez.

- Je disais donc que cette tasse, suivant la fréquence d'ondes lumineuses qu'elle reçoit, elle n'est jamais totalement blanche.

Elle acquiert de ce fait un caractère éphémère, que l'artiste tentera de saisir de façon la plus précise et évocatrice qui soit.

Les peintres ont donc réduit leur palette de couleur à celles que l'on obtient en décomposant la lumière à travers un prisme.

- Celles de l'arc en ciel ?

- Tout juste.

Une autre technique consiste à ne plus appliquer la peinture de façon continue mais ponctuelle.

Du coup, l'observateur en prenant du recul, crée lui même le mélange des couleurs par effet d'optique.

La perspective aussi est remise en cause.

Le sujet n'est plus forcément au centre de la toile. L'artiste essaie de montrer qu'un détail peut être un monde à lui tout seul.

- En gros, le pommier dans un paysage n'est plus ce que l'on regarde, mais l'une des pommes sur sa branche ?

- C'est un peu ça.

Cela provoque chez l'observateur une invitation à la réflexion.

Celui-ci devient le témoin de la scène qui se déroule devant lui. La capture d'un instant lui donne matière à imaginer la suite de ce qui pourrait se passer.

- Ça me rappelle les danseuses de Degas.

On se met du point de vue de l'une des danseuses gravissant l'escalier qui mène à la scène.

- Oui. Nous sommes dans l'action, plus dans la contemplation. Ces toiles de petits formats saisissent une réalité du quotidien pour en restituer une impression.

- Comme Debussy qui traduit en musique des images et des sensations ?

- Vous avez saisi le principe.

Mais au bout d'un moment cela ne suffit plus !

Georges Braque et d'autres séparent la couleur de sa référence à l'objet, afin d'accentuer l'expression de leur peinture.

- Vous voulez dire qu'un lac ne sera plus bleu mais rouge, une prairie mauve, c'est ça ?

- Vous y êtes.

Enfin arrive le cubisme avec ses différents angles de vue pour un même sujet.

Ce que Schoenberg fait en musique, Picasso l'applique en peinture. c'est à dire plus de loi de la tonalité pour l'un, plus de perspective de référence pour l'autre.

- Vous voulez parler de cette musique de fausses notes ?

Je conçois que cela fait appel à une telle subjectivité qu'il est normal de ne pas être séduit.

- Remarquez ! Maintenant que je possède quelques notions, disons que j'y suis moins indifférent.

Des gouttes d'eau se mirent à tambouriner de façon aléatoire sur le toit de verre, incitant nos deux compères à lever le nez vers le ciel.

Puis sans discontinuer, une pluie violente s'abattit, formant littéralement un rideau ruisselant tout autour d'eux. Jean semblait apprécier toute la magie du moment. L'eau dégoulinant sur les vitres semblait diluer le contour des paysages alentours. Le vacarme occasionné par ce déluge les empêcha de converser. Au loin le tonnerre ponctuait les éclairs. Ceux-ci apportaient un peu de lumière dans le ciel ténébreux.

Bientôt le calme revint. Les chenaux cessèrent de recracher l'eau du toit. Un silence apaisant s'installa.

Chapitre 14

Depuis son poste d'observation l'ombre épiait toujours nos amis qui déambulaient maintenant côte à côte dans le parc. Leur amitié incertaine était redevenue palpable.

Toujours la transcription du codex à la main, François tentait de déchiffrer la suite du texte.

Il lut à haute voix :

"Il n'y a pas de péché.

C'est vous qui le faites exister

Lorsque vous agissez conformément aux habitudes de votre nature adultère.

[...] Voici pourquoi vous êtes malades c'est la conséquence de vos actes.

[...] l'attachement à la matière engendre une passion contre nature.

Le trouble naît alors dans tout le corps.

Soyez en harmonie.

[...] Là où est le noûs, là est le trésor.

Vous faites ce qui vous éloigne.

- Qu'en pensez vous ?

- Il y aurait beaucoup à dire et je ne voudrais pas abuser de votre précieux temps mon père.

- Pensez-vous !

Restez autant que vous le désirez, vous êtes ici chez vous mon ami. Et vous avez sûrement besoin de repos après toutes vos aventures.

- Oui, c'est certain.

- Alors c'est réglé. Marie va vous préparer l'une des chambres de la villa. De plus vous avez l'air d'apprécier mon petit paradis n'est-ce pas ?

- Plus que vous ne l'imaginez.

Tout en discutant, Jean ne se rendit pas compte tout de suite qu'ils se dirigeaient vers l'église.

Le clocher annonçait déjà les six heures du soir.

- Avant le diner, je voulais vous montrer quelque chose que j'ai pu réaliser grâce à vous.

- C'est à dire ?

- Vous n'en avez pas une petite idée ?

- Ma foi non.

- Venez.

Ils arrivaient à l'autre bout du parc quand l'abbé sortit de sa poche une clé et ouvrit un portail. Celui-ci lui permettait parfois de sortir du domaine incognito.

Ils empruntèrent la rue qui redescendait en direction du village.

Arrivés en bas, ils tournèrent à gauche pour faire face à la porte de l'église.

Celle-ci était surplombée d'un tympan jaune vif flambant neuf, aux motifs que Jean ne su reconnaître.

Juste en dessous, la patronne des lieux semblait veiller sur les deux portes de bois massif qui en garantissaient l'entrée.

Une tête d'ange ornait chacune d'elle. Leur regard perçant mettait mal a l'aise. Ils affichaient un sourire malicieux presque dérangeant. De teinte sombre l'ensemble avait un aspect assez lugubre.

Le curé repoussa les portes vers l'intérieur.

Sur la gauche comme tapis dans l'ombre un diable apparut !

De couleur ocre, cet hideux personnage arborait une toge vert émeraude liseré d'or.

Il ployait sous le poids d'un bénitier en forme de coquillage.

Sa main gauche squelettique, reposait sur son genou osseux. Sa bouche béante et ses yeux exorbités mettaient en scène une souffrance permanente. Ses pupilles d'un bleu azur paraissaient hypnotiques. À ses pieds, seul le dallage de noir et de blanc recevait la lumière du jour.

- Eh ben ! On peut dire que vous l'avez bien choisi celui-là ! Lâcha l'aventurier.

Cette fois les cloches résonnèrent dans l'édifice.

Jean, à la suite du prêtre entra. L'ensemble des murs étaient peints en jaune pâle et quadrillé de traits noirs très fins pour imiter l'ajustement de blocs de pierres. Des fresques multicolores mettaient en relief les piliers ainsi que la voûte de l'église mais aussi les irrégularités de son exécution.

Entre chacun des piliers trônait la statue d'un saint. Tout au fond, l'abside bleu ciel donnait de la profondeur au bâtiment.

Elle abritait en son sein l'autel devant lequel Jean s'était recueilli lors de sa première visite.

À gauche, l'énorme chaire octogonale dont chaque coté était flanqué de l'un des auteurs des quatre évangiles, faisait face à saint Antoine.

Comme l'avait prédit le curé dix ans auparavant, il était supporté par quatre anges.

De magnifiques bas relief hauts en couleurs constituaient les stations du chemin de croix de part et d'autre de l'édifice. Jean s'approcha plus près de l'un d'eux pour admirer le travail de l'artiste.

Puis se dirigeant vers une statue de Marie Madeleine....

- Je suis stupéfait de l'emprunt que votre sainte patronne a fait au bouddhisme.

- De quoi parlez vous ?

- De l'attachement aux gens, aux objets, la recherche du plaisir constant... tout cela n'est que souffrance pour Bouddha.

Lui aussi comparait cela à une maladie.

- Donc Vivre en harmonie serait synonyme de détachement ?

- Parfaitement !

Récemment, un professeur autrichien a suggéré que certaines maladies mentales serait dues à une frustration violente nommé "refoulement".

La majeure partie de la population transcende ses fantasmes en une vie réelle, ou les sublime en création esthétique lorsqu'elle possède un don artistique.

Mais il arrive que certains individus n'y parviennent pas, à cause d'un cadre de vie rigide, des lois morales trop strictes par exemple.

Dans ce cas, leurs désirs sont refoulés dans leur inconscient.

La violence du processus est telle qu'il peuvent finir par développer les symptômes de maladies telles que la névrose. Ce même professeur s'est tout d'abord intéressé à l'hystérie chez les jeunes filles de la bonne société Viennoise, qui étaient incapables de vivre la vie dont elles rêvaient. Leur maladie se révélait être l'expression de leurs désirs interdits. Du coup, le libre arbitre n'existe pas. C'est notre inconscient qui nous influence constamment.

-Tiens ça me rappelle une discussion que l'on a déjà eu.... Peut on en guérir ?

- Hélas non !

La seule chose que l'on peut faire, c'est de soulager le patient en lui faisant prendre conscience de ses tourments. Et ce, en analysant ses rêves dans lesquels il transparaissent.

Jean s'assit sur le premier banc devant l'autel. Il était comme perdu dans ses pensées. Il mesurait l'énergie que le prêtre avait mit dans la décoration de l'édifice. Celui ci avait d'ailleurs disparu un court instant derrière une porte sur le coté droit du bâtiment avant de réapparaître devant lui.

- Voyez vous, la religion nous fait poser plus de question qu'elle n'en résout. Prenez ce chemins de croix par exemple :

il raconte une histoire n'est-ce pas ?

- Oui absolument, celle de la crucifixion.

- C'est ça, un récit avec un début et une fin dont on connaît l'origine mais aussi les évènements qui l'ont précédé.

- Où voulez vous en venir ?

- À ceci.

Jean saisit la bible qui se trouvait sur l'autel.

- Ah, voilà. Il lut à haute voix presque de façon théâtrale la première ligne de la première page.

" Au commencement Dieu créa les cieux et la terre."

- Ben oui, et après ?

- Que faisait Dieu avant de créer notre monde ? Quand l'a-t'il fait ?

Pourquoi ?

Combien de temps a-t'il attendu pour le faire ?

Qu'y a-t'il autour de Dieu ? Etc, etc.

De plus il l'a créée à partir de rien. Mais le néant qu'est-ce, sinon une idée destructrice d'elle même ?

- Pardon ? Je ne vous suis plus là !

- Pensez au néant, et vous en faites immédiatement quelque chose.

- Ah je vois, et comme le néant est censé n'être rien.... Mais saint Augustin ne reproche t'il pas justement aux hommes de s'occuper de choses qui ne concernent que Dieu lui même ?

- Ben voyons ! Avouez le...

- Quoi ?

- Vous y croyez toujours vous, à ce conte à dormir debout ?

Chapitre 15

Au regard noir du prêtre, Jean comprit qu'il venait de commettre un péché.

- Pardon mon père... Je ne voulais pas vous froisser...

Étonnement, le curé afficha un sourire bienveillant.

- Mon fils, en toute sincérité, je me pose de plus en plus la question.

- Vous êtes sérieux ?

Mais il n'eut pas de réponse, son interlocuteur l'avait planté là, et se dirigeait à pas lents vers la sortie.

Jean à son tour remonta la travée. L'abbé l'attendait sur le perron de l'église, une sacoche de cuir à la main.

- Qu'est-ce donc ? Demanda Jean en désignant un sac de toile posé aux pieds du prêtre.

- Trois fois rien.

Vous vous souvenez du livre que je vous ai offert avant votre départ ? Eh bien mon confrère qui en était l'auteur, m'en a laissé tout un stock sur les bras avant de décéder. Ils ne font rien d'autre que prendre la poussière et l'humidité dans la sacristie. Alors quand j'en ai le courage, j'en rapporte quelques exemplaires dans ma bibliothèque. Vous voulez bien m'aider ?

Jean saisit le sac et le jeta sur son épaule.

Tout en remontant la rue, l'abbé continua.

- Comme vous avez pu le lire, cet ouvrage démontre que l'origine de toutes les langues est la langue Celtique.

Celle-ci n'aurait point disparue mais serait, je cite :

"une langue vivante parlée dans l'univers par des millions d'hommes."

- d'accord...

- La société de linguistique s'était elle aussi intéressée à l'origine du langage. Mais depuis peu, elle a décidé de mettre un terme à l'examen de nouvelles théories sur le sujet.

- Et pourquoi donc mon père ?
- Les difficultés rencontrées pour :
d'une part définir le moment précis, où un groupe d'individus décide qu'un mot désigne un objet.
Et d'autre part les conditions dans lesquelles cela s'est fait.
Mon confrère en a fait une quête. Combien de fois a-t'il arpenté nos campagnes, à la recherche de preuves du passage des celtes afin d'accréditer sa thèse ? Il réussît ce tour de force incroyable : faire coïncider l'étymologie du nom des lieux à une traduction dérivée de leurs attributs.
Quand il parle des Cugulhous de la région, il traduit cela par :
"roches qui sont de vrais menhirs mais vilains et ne représentant point de formes ordinaire", cela viendrait de l'anglais :
To cock : redresser
Ugly : laid, difforme.
To hew : tailler
Toute son oeuvre est truffée d'affabulations linguistiques comme celle-ci.
Il est allé jusqu'à dégoter une pierre que des hommes ont jadis dressée sur la pente d'une colline non loin d'ici. Évidemment, lorsqu'il a présenté son travail à l'académie des sciences, ce fut un échec. L'ouvrage a été qualifié de fantaisiste.
- D'où le nombre de volumes qu'il vous reste sur les bras.
- Vous pouvez le dire.
Ils arrivèrent devant une grande bâtisse au sommet de laquelle, était nichée la statue d'un Christ les bras grand ouverts. L'abbé Ouvrit la porte d'entrée et invita son hôte à gravir la dizaine de marches qui les séparaient du premier étage. Au dessus de la porte, deux vitraux représentaient chacun un cœur flamboyant, symbole du Christ.

L'un était transpercé d'un poignard, le second orné d'une couronne.

Le premier ceint de roses blanches, le second d'épines et pourvu d'une blessure sanguinolente. l'ensemble dispensait la lumière du jour sur le palier.

Ils pénétrèrent dans la pièce de droite qui était le salon où l'abbé avait l'habitude de recevoir ses invités.

Un grand miroir au cadre d'or finement sculpté trônait, posé sur le rebord de la cheminée.

Le papier peint de la pièce rappelait le style et les couleurs de l'artiste Mucha. Le paysage dans les tons vert clair est parsemé d'arbres en ombres chinoises sans feuilles, des paons y côtoient des mésanges en vol.

L'ensemble de la décoration rendait l'endroit accueillant et chaleureux. Près de la cheminée, un piano droit était surchargé de partitions, laissant imaginer les soirées qui pouvaient se dérouler en ce lieux. Nos deux compères prirent place autour d'une table basse sur laquelle un livre ouvert attendait qu'on terminât sa lecture. L'aventurier reconnut le titre :

"De la gravitation".

- Plutôt ardues vos lectures !
- Comme vous dites hein ?
- Vous voulez quelques explications ?
- Ah oui ! Je veux bien.
- Bon, pour résumer :

La physique de Newton définit la gravitation comme une force qui attire tous les objets vers le centre de la terre. Elle s'exerce tel un fil invisible dans un espace et un temps tous deux uniformes.

- Aristote ne fait-il pas appel au bon sens en faisant remarquer que les objets les plus lourds tombent plus vite que les objets légers ?

-Tout juste mon père. Or deux expériences contredisent ces affirmations.

Les voici :

Tout d'abord Galilée conclue que la chute des corps est indépendante de leur masse.

Deux boulets de masses différentes reliés par une ficelle devraient tomber plus rapidement que le boulet le plus lourd.

Or il n'en est rien, la corde se tend pendant la chute et le moins pesant des boulet sert de parachute à l'autre.

Le frottement de l'air est en fait responsable du ralentissement des corps les plus légers durant leur chute.

- Si je vous suis bien, vous dites que tous les objets tombent à la même vitesse, quelque soit leur masse.

- C'est ça.

Maintenant, la deuxième expérience contredit l'uniformité du temps et de l'espace.

Deux physiciens ont tenté de mettre en évidence les variations de la vitesse de la lumière.

Résultat : la vitesse de la lumière demeure désespérément constante, et a une vitesse limite.

- Je ne vois pas ce que cela implique ?

- J'y arrive.

imaginez deux lampes reliées à un interrupteur devant moi. Une à ma gauche, l'autre a ma droite. Admettons que vous soyez immobile quand j'appuie sur le bouton. Que se passe t'il ?

- Je suppose que les deux lampes s'allument en même temps.

- Exact.

Maintenant, vous êtes en déplacement par rapport à moi. Vous venez de ma droite. Que voyez vous ?

- La même chose, je suppose.

- Perdu ! Vous verrez la lampe de droite s'allumer avant celle de gauche.

- Pourquoi ?

Ah je crois avoir compris ! Comme je suis en mouvement et que la vitesse de la lumière est identique pour les deux lampes, celle émise par la lampe gauche mettra plus de temps pour me parvenir que celle de droite.

- Cela implique quoi d'après vous ?

- Que le temps et l'espace ne sont pas uniformes et que nos observations changent, lorsque nous sommes en mouvement.

- Tout à fait. C'est pour cela que lorsque vous admirez un coucher de soleil, ce dernier a en réalité disparu depuis sept minutes derrière l'horizon. C'est le temps que met sa lumière pour nous parvenir. On appelle cela la relativité restreinte.

- Passionnant !

- Et ce n'est pas tout.

Einstein, qui à l'époque est expert à l'office fédéral de la propriété intellectuelle de Bern, comprend que l'espace et le temps tissent une toile qui se déforme au contact de la matière.

Prenez cette nappe et tendez la pour en faire une surface plane. Elle sera l'espace-temps.

Lorsque vous posez dessus, un objet massif comme une grosse pierre, la toile se déforme créant ce que l'on appelle un puits gravitationnel.

La matière dit à l'espace comment se déformer.

Maintenant laissez rouler une bille à sa rencontre.

Que se passera t'il ?

- Je suppose que la bille ira en ligne droite jusqu'à ce qu'elle rencontre la cuvette formée par la pierre et que sa trajectoire sera déviée.

- Ainsi elle tournera autour de la pierre un court instant.

L'espace dit à la matière comment se déplacer.

- C'est ce que fait la lune autour de la terre n'est-ce pas ?

Oui, c'est la relativité générale.

- Et si je remplaçais la lune par une tasse, elle tournerait autour de la terre de la même façon puisque la gravitation est indépendant de la masse.

- Bien vu le coup de la tasse...

Lorsque nous tombons, aucun fil invisible ne nous tire vers le bas :

Nous tombons dans la courbure de l'espace-temps, voilà.

Parfois celle-ci est si intense lors de l'effondrement d'une étoile sur elle même, qu'elle empêche la lumière de s'en échapper : c'est un trou noir.

- En conclusion : le manège de l'univers est dû à la déformation de l'espace-temps par les corps célestes, et les étoiles que nous observons ont l'aspect qu'elles avaient il y a des milliers d'années.

- Quelques quatorze milliard d'années en fait.

- Étourdissant !

Marie entra sans un mot. Elle déposa sur la table basse un plateau contenant deux verres et une bouteille de Banyuls. Visiblement elle connaissait les habitudes de son cher abbé. Elle lança un regard sombre à Jean. Ce dernier n'était pas dans ses petits papiers visiblement.

- Merci Marie.

- Le dîner sera prêt dans une demie heure.

Puis elle disparut.

- Pfffiuu quel caractère !

- Ne faites pas attention.

Je suis même sûr qu'elle a passé la journée à nous épier.

- Vraiment ?

- Depuis le temps, je commence à la connaitre. Vous ne croyez pas ?

En revanche vous... vous commencez à m'intriguer.

Chapitre 16

- Moi ?

- Oui, vous !

Vous n'êtes pas celui que vous prétendez être mon cher.

- Ah oui ? Qu'est-ce qui vous fait dire ça ?

Oh des détails, juste des petits choses qui ne collent pas.

- Comme la tasse, c'est ça ?

- Par exemple. La question du libre arbitre qui a pourtant soulevé entre nous un débat assez houleux.

Ou le livre que vous n'avez pas pu lire.

Et pour cause !

Vous ne l'avez jamais possédé !

- Comment diable pouvez vous le savoir ?

- Vous vous souvenez de la pierre dressée que j'évoquais tout à l'heure ? Mon confrère n'en fait tout simplement pas mention dans son ouvrage.

- Cela prouve juste que je ne l'ai pas lu.

- Exact !

Sauf que, le véritable Jean qui souffrait d'insomnie, l'a lu d'une traite durant la nuit qu'il a passé ici. Il me l'a rendu le lendemain matin. Nous avions tous les deux, trouvé curieux qu'il oublie d'en parler.

Reste la sacoche qu'il m'avait confié et que vous n'avez pas reconnue. Tenez, la voici.

L'abbé posa le sac de cuir sur la table et le poussa vers son interlocuteur.

Pour le mettre tout à fait à l'aise, il rempli les deux verres du liquide ocre contenu dans la bouteille.

Puis il s'installa confortablement dans son fauteuil et déclara :

- Je vous écoute.

Jean avala une gorgée de vin.

- Alors que j'étais à Vienne, une dame âgée que j'avais plusieurs fois rencontré dans mon enfance, me fit de troublantes révélations.

Pour cela, elle me reçut dans un lieu plutôt étrange, puisque notre entretien se déroula dans un couvent.

Elle se présenta comme ma grand mère sous le nom de Maria Antonietta, héritière de la maison des Habsbourg-Toscane.

Mes parents (Ferdinand IV et Marie de Saxe) me firent passer pour mort à ma naissance afin de me soustraire à l'animosité de l'empereur François-Joseph.

Toujours selon elle, le moment était venu pour moi de revendiquer les titres et les biens liés à la couronne de Toscane que mon père, jugé indigne, ne pouvait plus occuper.

Au début je me suis indigné ne croyant pas à toutes ces balivernes

À la mort de Maria Antonietta, les journaux français publièrent son testament. Dans celui-ci, elle léguait une partie de sa fortune personnelle à son fils Jean Orth qu'elle espérait encore en vie.

Mon existence si paisible est devenu à cet instant un véritable enfer. Cette vieille dame n'était pas folle.

L'armée Autrichienne s'est mise à me pourchasser sous les ordres de l'empereur.

Ce dernier promit une récompense à quiconque me remettrait entre ses mains en tant que Jean Salvator de Habsbourg.

Ma ressemblance avec mon oncle (vous en avez fait l'expérience) étant si confondante, que François-Joseph aurait réuni définitivement sous sa coupe les couronnes Habsbourg-Toscane.

Je n'ai retrouvé le repos qu'en Égypte, où l'autorité autrichienne fut réduite à néant face à celle de la Grande-Bretagne.

- Alors comment êtes vous arrivé ici ?
- Ah !

J'ai reçu par erreur du courrier adressé à mon oncle.

Une de ses lettres était de votre main, accompagnée d'une carte postale ou l'on vous voit en train de poser près d'un bassin circulaire. Derrière vous on distingue votre villa ainsi que l'église.

J'ai relevé l'adresse... À tout hasard.

Avant d'être chassé d'Algérie, j'étais géologue, botaniste et collectionneur. Depuis mon installation au Caire j'enseigne l'astronomie qui est devenue une passion tardive.

- Ben justement ! Abuserais-je en vous demandant de rester un peu ? Je possède un télescope et vous pourriez me montrer deux ou trois petites astuces.

- J'en serai ravi et je vous dois bien ça. Vous ne m'en voulez pas trop de vous avoir abusé de la sorte ?

- J'avoue avoir aimé vous percer à jour.

- À mon tour de vous poser une question.

Pourquoi ne donnez vous pas la messe dans l'église mais plutôt dans la chapelle attenante à votre villa ?

Le prêtre n'eut pas le temps de répondre. Marie venait annoncer que le repas était prêt.

Chapitre 17

Après un bon repas semble-t'il assez copieux, le prêtre invita son hôte à partager un verre de cognac dans sa bibliothèque.

Jean était confortablement installé, en train de lire sur l'une des banquettes posées sous les fenêtres.

L'abbé finissait de servir le cognac.

La sacoche de cuir était devant lui, désormais vide.

- Je comprend pourquoi mon oncle tenait à se débarrasser de tout ceci.

- Mon acte de naissance.

Un arbre généalogique où mon nom apparaît en toutes lettres. Vous savez, ce document me rend potentiellement légitime de la couronne de Toscane.

Des lettres de correspondance entre ma grand mère et mes parents adoptifs.

Visiblement il était au courant de beaucoup de choses le bougre !

- Oui et il n'étais pas le seul. Intrigué, je suis redescendu dans la crypte où votre oncle l'avait déposée et j'ai tout lu.

- Vous m'avez dit que grâce à moi vous aviez pu réalisé quelque chose. J'en ai déduis qu'il s'agissait de la décoration de l'église. Il vous a payé pour garder la sacoche n'est-ce pas ?

- Trois mille francs or. Il devait me régler la même somme pour la récupérer. Mais je sais maintenant qu'il n'avait aucunement l'intention de revenir. Vous, vous ne me devez rien.

- Je saurai me rappeler à votre bon souvenir mon père.

- Méfiez vous des apparences, elles peuvent être parfois trompeuses...

Epilogue

Jean fixa son départ pour le dimanche suivant. Cela lui laissait tout le temps nécessaire pour enseigner quelques notions d'astronomie à son cher curé.

Puis vint le temps des adieux.

La cloche de l'église sonnait onze heures quand Jean emprunta la rue qui menait vers le bas du village.

Il croisa un abbé essoufflé qui montait dans sa direction. Il le salua et lui indiqua que son confrère allait bientôt donner la messe dans la chapelle privée. Ce dernier entra dans une colère noire

- Je le sais bien moi ! Vous croyez que ça m'amuse de venir tous les dimanches sur orde de l'évêché pour faire la messe dans une église vide ?

- Comment ça ?

- Mais c'est moi le curé officiel de ce village. Ce père François n'est qu'un imposteur !

Il a été suspendu pour trafic de messe.

Mais comme il a ébloui les villageois à l'aide de sa fortune soudaine, voilà le résultat !

Le prêtre reprit son chemin en maugréant de plus belles.

La phrase énigmatique du père François prenait tout son sens. Les apparences étaient parfois trompeuses en effet...

Postface

Cette nouvelle est avant tout une fiction avec en toile de fond le petit village de Rennes le château ainsi que son curé d'alors : Béranger-François Saunière.

La transition entre le dix-neuvième siècle et le début du vingtième est riche en découvertes culturelles et intellectuelles.

J'ai voulu par le biais de cette nouvelle, partager ces concepts qui ont à jamais révolutionné notre façon de voir le monde.

La disparition en mer de Jean Népomucène Salvator de Habsbourg demeure encore a ce jour grand un mystère.

Jean Orth de Toscane traqué par l'armée Autrichienne a effectivement terminé sa vie en Égypte où il mourra assassiné dans une ruelle par des bandits. Son fils publiera ses mémoires en 1974.

Seule entorse chronologique, la relativité générale n'est publiée que cinq ans après la visite Jean Orth de Toscane.

La première guerre mondiale va entraîner l'effondrement des monarchies d'Europe, toutes liées par cousinage et ainsi provoquer la dislocation de celle-ci.

Le père François offre l'hospitalité à Jean et Milli surpris par un orage.

Il partage avec eux le repas et découvre leurs rêves d'aventures à une époque riche d'innovations. Ce que le prêtre a du mal à concevoir.

Cependant Jean garde constamment près de lui une mystérieuse sacoche de cuir.

Quand l'abbé tente d'en savoir plus, l'aventurier lui propose contre une grosse somme d'argent de devenir le gardien de son secret.

Jean reviendrait récupérer la sacoche en des temps meilleurs.

Vingt et un ans plus tard, Jean tient sa promesse et revient au village.

Mais bien des choses ont changé...